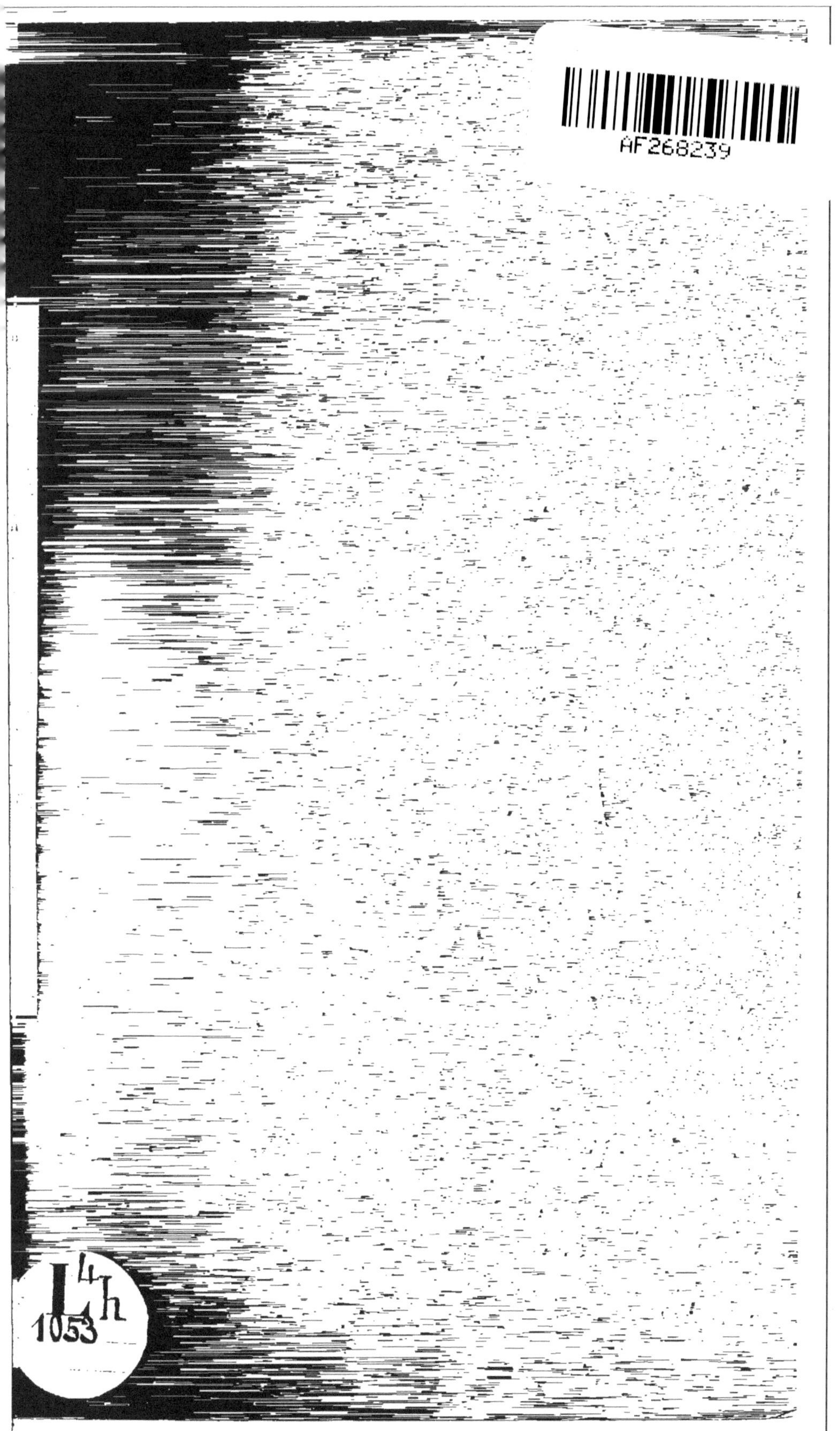

LA
GARDE NATIONALE
MOBILE

DU DÉPARTEMENT DE LA HAUTE-MARNE

A LANGRES

1870 - 1871

―⦿―

PARIS

MANGINOT — HELLITASSE, LIBRAIRE-ÉDITEUR

36, BOULEVARD SAINT-MICHEL, 36

—

1872

LA GARDE NATIONALE MOBILE

DU DÉPARTEMENT DE LA HAUTE-MARNE

A LANGRES

1870 - 1871

> « ... *Virorum facta moresque*
> *posteris tradere antiquitus usitatum.* »
> (TACITE, *Vie d'Agricola*.)

Il n'est aucun corps militaire, régulier ou non, qui n'ait voulu avoir sa place dans les annales françaises de 1870-1871. Il ne nous appartient pas ici d'examiner si beaucoup de ceux qui ont accouché de quelque œuvre n'auraient pas plus sagement agi en réservant à de moins intéressés qu'eux le soin de publier leurs exploits : l'esprit de parti, l'intérêt personnel ont toujours eu pour conséquence d'enlever aux faits leur couleur première et véritable. Qui ne sait que l'on peut conformer son langage ou sa manière d'être suivant les besoins et les exigences de son sujet ou de sa cause, de telle sorte que de la vérité ainsi métamorphosée il ne reste plus qu'une ombre imperceptible ? Oublierions-nous que l'heure est arrivée de cesser ce culte effréné voué, pour ainsi dire, au *moi*, et qu'il est temps enfin de briser les autels élevés en son honneur, même au milieu de l'adversité ?

Pour nous, qui n'avons rien à revendiquer, et que les lauriers, à notre grande douleur, n'empêcheront point de reposer, nous nous proposons de faire part de nos impressions éprouvées pendant notre séjour à Langres, alors que l'ennemi foulait aux pieds le sol de la vieille France. Nous nous adressons, non pas à des esprits étroits et mesquins, mais à des caractères sérieux et à l'abri de tout sentiment soit de partialité, soit de présomption. Ce sera, — si nos efforts, du moins, ne sont pas stériles, — le tableau fidèle mais sévère de ce que nous avons vu et le sincère mais affligeant récit de ce que nous avons entendu.

Ajoutons que nous serons bref, ce qui n'exclut nullement certaines difficultés, certains obstacles dont nous aurons à triompher, quelle qu'en soit la nature. Aussi demandons-nous à ceux qui entreprendront de nous lire de vouloir bien être indulgents à notre endroit : notre seul désir et notre unique ambition sont de ne point avoir été inutile, après que nous aurons indiqué, en les effleurant, les points par lesquels on a péché. Que les imperfections inhérentes à notre nature, mais non, pour la plupart, à notre essence, soient l'objet de nos réflexions dans le but de les annihiler autant que possible.

La France, cette nation encore grande dans son malheur, connaît aujourd'hui ceux de ses enfants qui ont tout sacrifié pour sauver son honneur. Les uns doivent leur immortalité au rôle actif qu'ils ont rempli avec gloire, les autres à une renommée (chose plus fragile) souvent peu justifiée et qui, au dire de celui à qui nous avons emprunté notre épigraphe, enchérit toujours sur la vérité : une plume habile a pu tenir lieu à ceux-ci de la trompette mythologique. D'autres enfin, et c'est peut-être le plus grand nombre, sont restés, comme nous, dans l'oubli : ils n'ont, sans nul doute, mérité ou rapporté aucun laurier. Disons de suite que la Divinité aux cent bouches et aux cent oreilles aurait probablement trahi la vérité, si elle fût venue *unquibus et rostro* tirer ces derniers des ténèbres où ils sont plongés.

Jusqu'à ce jour, à notre connaissance du moins, rien n'a révélé l'existence de la garde nationale mobile du département de la Haute-Marne pendant 1870-1871 : c'est pour combler cette lacune, que nous nous hasardons, un peu tard, il est vrai, à publier ce que personne, à tort ou à raison, n'a tenté d'écrire.

C'est à Langres, place forte de la Haute-Marne, que fut appelée en août 1870 la garde nationale mobile de ce département. Elle y stationna pendant toute la durée de la guerre entre la France et l'Allemagne : elle formait le 56e régiment provisoire. Cette place de guerre renfermait aussi d'autres troupes dont quelques-unes n'y ont fait qu'un court séjour. Nous avons vu dans les murs de Langres des artilleurs de l'armée de terre (quelques-uns de la marine), des artilleurs de la garde mobile des départements des Alpes-Maritimes, de l'Hérault et d'Ille-et-Vilaine ; du 10ᵉ, du 13ᵉ et du 50ᵉ de ligne ; de la garde nationale mobile des départements du Gard, de la Meurthe, celle de la Haute-Savoie, celle des Vosges, enfin — nous allions les oublier — des corps francs, la garde nationale mobilisée de la Haute-Marne, des Garibaldiens, et, pour un moment, les hommes mariés n'ayant pas atteint leur quarantième année.

Le chiffre vraiment sérieux des forces militaires de Langres a été de 15 à 20,000 hommes.

Pour ne pas sortir du cadre restreint que nous nous sommes tracé, et, surtout pour ne parler qu'en parfaite connaissance de cause, nous nous occuperons exclusivement de la garde nationale mobile de la Haute-Marne.

Lorsque cette garde mobile fut appelée, elle se trouvait dans les mêmes conditions que celle des autres départements, la Seine exceptée. Elle n'avait d'existence que sur le papier, la loi de 1868 étant restée lettre morte. L'on s'imagine alors les difficultés sans nombre d'une organisation, qui devait être prompte, nos désastres se multipliant et se succédant avec une rapidité effroyable. Oui, certes, il y avait de nombreux obstacles à vaincre et à surmonter, mais une grave question se présente tout d'abord : a-t-on déployé avec intelligence sinon tout le zèle dont on devait être enflammé, du moins toute l'activité dont on pouvait être capable ? Loin de nous d'injustes récriminations ou des reproches mal fondés, loin de nous aussi cet esprit d'opposition systématique, dont les passions et le calcul ne sont que les ardents champions. Mais enfin, puisque nous avons posé une question, tâchons donc de la résoudre ou de l'éclaircir, si faire se peut, — n'étant point d'avis que l'Intendance, si vivement attaquée, doive être déclarée responsable de *tout*.

Il y a dans chaque corps un conseil d'administration dont les fonctions ne sont pas sans importance. A-t-il pourvu aux premières nécessités, en adoptant ou en faisant adopter comme *uniforme militaire* pour nos mobiles des *blouses grises* (*sic*)? Que nous sachions, rien n'est si peu profitable et si peu administratif que les demi-mesures. Ne devait-on pas déjà avoir en vue la dure saison — *acris hiems* — dans laquelle on était sur le point d'entrer et dont la rigueur s'est fortement fait sentir sur le plateau de Langres? Objecterait-on l'impossibilité matérielle de se procurer un vêtement *plus* militaire et plus chaud? Dieu nous garde, nous le répétons, de ne faire que de la contradiction. Mais, avouonsle, le zèle, — si zèle il y a eu, — a fait fausse route : cela est indiscutable. Outre que les communications n'étaient point alors interceptées, tout le monde a pu voir, comme nous, avec quelle célérité ont été complétement équipés corps francs, «vieux garçons, » c'est-à-dire gardes nationaux mobilisés, et compagnies d'infanterie de ligne. Evidemment un vice a existé : le plus fâcheux, c'est qu'il ait porté sur un point aussi essentiel et aussi capital.

On pourrait croire qu'ainsi vêtus, — ils étaient aussi mal partagés en fait de chaussures, — nos gardes mobiles n'ont point quitté la caserne. Ce serait une erreur profonde. Au milieu du mois d'août 1870, ils commencent dans la citadelle langroise à faire *tête droite* et *tête gauche*, et le 31 du même mois, des compagnies du 56ᵉ régiment provisoire partent avec un empressement joyeux, ainsi que d'autres troupes, en expédition hors le département, à Vaucouleurs, dans la Meuse, — en passant par le village champenois qui donna le jour à la Pucelle d'Orléans, «dont l'étendard, ainsi qu'elle l'a dit elle-même, flottait toujours où était le danger.» Personne, personne en traversant Domremy (pas même les

Allemands, à en juger par les nombreuses signatures dont sont revêtues cinq grandes pages au moins du livre destiné à recevoir et les noms et les pensées des visiteurs), personne, disons-nous, ne manque de se rendre dans la chaumière où naquit l'héroïque Jeanne d'Arc.

Revenant à notre sujet, vous voyez d'ici cette colonne bigarrée : quel contraste frappant présentaient nos mobiles avec les autres troupes ! C'est ainsi équipés, — du militaire ils n'avaient que le fusil et l'entrain, — qu'ils ont cependant marché pendant plusieurs jours. Nous n'avons pas oublié le spectacle de nos *moblots* victorieux, tordant, dans une halte au village de Montigny-les-Vaucouleurs, leurs *uniformes* un tant soit peu humectés par la pluie. Ce que disaient d'un semblable équipement les officiers prussiens, faits prisonniers, nous le laissons à penser.

Devant une tombe à peine encore fermée, nous nous abstenons de juger la façon dont a été conduite cette petite expédition.

Nous insisterons encore sur la question d'habillement pour manifester notre grand étonnement de n'avoir vu apparaître qu'en octobre des blouses d'un autre genre, dites — pourquoi ? — vareuses et dont la qualité n'était douteuse pour personne. Ces nouvelles blouses, en drap transparent, étaient si bonnes que nos mobiles, après les avoir portées deux mois à peine, n'avaient plus, pour se couvrir chaudement, que des lambeaux d'une étoffe noire. A les voir avec ces haillons, on aurait pris nos jeunes Champenois pour des indigents, quand surtout ils avaient dans cet accoutrement des... sabots pour chaussures. On remédiait et aux blouses (2ᵉ édition) et aux sabots, quand des bruits d'armistice circulaient déjà : le remède n'a jamais été complet. En toute sincérité et sans vouloir les vanter, nos jeunes soldats ont montré une grande résignation. Vous les représentez-vous ainsi vêtus, montant la garde *sub Jove frigido* et au milieu des neiges? Vous les représentez-vous donc ayant pour reposer dans les forts, véritables cloaques, un réduit d'une humidité sépulcrale ou bien une tente avec un peu de paille? Vous les représentez-vous aussi au milieu de Français, dans un village français, casernés dans une grange, entassés les uns sur les autres, couchés sur une paille que l'on prendrait pour du fumier, ou bien encore relégués dans une étable, dans une écurie, exposés ainsi à toute minute à être troublés dans leur sommeil par les caresses (??) de quelques nouveau‑nés?

Et dire qu'il s'était trouvé un cœur d'airain pour proscrire tout effet civil du havre-sac, de la musette! Vous voilà donc réduits, jeunes Hauts-Marnais, à ne plus avoir sur vous que les vêtements — euphémisme — délivrés par l'au‑torité militaire! Oui, oui, nous vous avons admirés plus d'une fois, en vous voyant tous, riches et pauvres, accepter sans mot dire votre triste sort, d'accord en cela avec votre bon fabuliste Champenois, qui dit quelque part :

> « Patience et longueur de temps
> Font plus que force ni que rage. »

C'est qu'alors vous compreniez que l'instant des sacrifices était arrivé et que la moindre plainte, la plus petite impa‑tience eussent été un acte criminel de votre part.

Nous croirions manquer au devoir le plus sacré, si nous passions sous silence une souscription faite dans le but de procurer à nos mobiles des couvertures. A une pensée aussi généreuse et aussi grande, on aurait cru que tout le monde se serait associé: on avait compté, hélas! sans un faux et funeste amour-propre.

— Il est cruel de mentionner qu'en France, au moment même où nos revers s'accumulaient avec tant de précipitation, on mettait encore de côté le vrai mérite pour favoriser des appétits et des ambitions sans précédents, pour préférer des nullités aux capacités. Reste à savoir si de tels choix n'ont point fourni bientôt matière à réflexion à ceux qui avaient eu la faiblesse coupable d'y prêter les, mains ou leur concours.

Nous ne savons que trop — *meminisse horreo* — où tout cela nous a conduits, surtout quand le choix est intervenu dans ces conditions à l'égard d'un militaire à grade supérieur. Il serait juste avant tout, du reste, que celui qui aspire à porter des galons, comme ceux auxquels nous faisons allusion, « consulte longtemps son esprit et ses forces » et se demande s'il ne sera pas au-dessous de sa tâche : il lui sied mal de conspirer contre qui ou quoi que ce soit, n'y étant poussé que par une malsaine ambition se traduisant par ces mots : « Ote-toi de là que je m'y mette. » Briguer de tels honneurs sans en être digne, c'est, de la part de celui qui les sollicite, assumer une responsabilité écrasante. Oh! certes, s'il suffisait, pour être à la hauteur d'un semblable poste, de savoir tant bien que mal monter à cheval, s'il suffisait de parader devant les troupes, de les commander d'un geste, de donner, étant dans son lit, bien qu'en bonne santé, des ordres plus ou moins clairs et sensés, de les faire exécuter sans s'assurer soi-même de quoi que ce soit, au risque d'aboutir à de fâcheux résultats, s'il suffisait encore de ne point se montrer dans le danger ou de s'y soustraire, oh! alors, nous comprendrions jusqu'à un certain point les ambitions pour parvenir aux honneurs dont nous parlons. Mais il n'en est pas ainsi dans la carrière militaire, telle qu'on aurait dû la comprendre, telle que nous la comprenons. Tout y est trop grave, trop important pour songer un seul instant à n'en faire qu'un passe-temps, où la fantaisie seule trouverait sa place. N'est-il pas sensé et digne d'appeler pour commander de jeunes troupes des hommes qui, par leur passé, inspirent à tous leurs subordonnés cette confiance, sans laquelle le soldat n'est rien, et qui aient une sollicitude constante et paternelle pour leur bien-être ? N'est-il pas nécessaire à celui qui commande d'avoir de par devers lui une expérience acquise avec l'âge et par la pratique de chaque jour ? En serait-on par hasard arrivé à ne plus tenir aucun compte des services rendus ? Que deviendrait alors, en présence d'injustices révoltantes, cette discipline qui seule fait les véritables armées ? Dans la vie publique, ne l'oublions pas, la faveur, surtout mal comprise, fait naître des susceptibilités que, dans le militaire en particulier, on devrait s'efforcer de ne point faire naître.

Notre langage serait plus sévère si l'on avait fait choix d'un officier qui, bien loin d'avoir mérité quelques distinctions, en serait indigne. Peut-on attendre de lui autre chose que du mauvais ? Ce sera le cadet de ses soucis de s'intéresser de ses soldats et de ce dont ils ont besoin. S'occuper de lui-même et tourner bride au moindre des dangers, souvent imaginaires, tels seront les objets uniques de ses pensées, — s'il en a toutefois. Prendre les sages mais non excentriques précautions que dictent et le bon sens et la plus petite prudence, envisager les moyens de sortir d'un mauvais pas, ne point faire le faux brave, voilà des qualités indispensables qui lui feront totalement défaut.

Comment, après autant d'obstacles, et avec les éléments hétérogènes dont a été composée notre garde nationale mobile, comment est-elle arrivée à former, ce qu'on ne peut nier, un régiment assez bien discipliné et assez bien organisé ? Si nous ne nous trompons, nous attribuerons les effets de la bonne et prompte organisation que nous signalons, plus à la nature souple et intelligente de nos jeunes soldats qu'au mérite déployé par certains chefs. Les capitaines ont, pour la plupart, contribué à donner une heureuse et énergique impulsion : qui ont conquis l'estime de presque tous par la façon dont ils se sont honorablement comportés, qui se sont attiré la sympathie et le respect par leurs nobles états de service. Notre plume ménagera la modestie des uns et des autres. Constatons avec peine que ce n'était pas assez de commettre des injustices à leur endroit : il fallait encore leur refuser certains égards.

Comme partout ailleurs, lieutenants et sous-lieutenants ont cherché à faire leur devoir. On ne pouvait exiger plus de ces jeunes officiers improvisés, chez la plupart desquels l'intelligence et la bonne volonté suppléaient à ce qui leur manquait en tant qu'expérience.

Notons dès à présent que le service médical laissait totalement à désirer.

Il n'a pas été donné à tous ceux composant le 56ᵉ régiment provisoire de montrer leur valeur. En général, on a été plutôt exposé à des fatigues souvent inutiles et aux rigueurs du froid qu'aux balles de l'ennemi. Nous ne sommes pas assez compétent dans l'art de la guerre pour approuver ou blâmer la défensive, sur laquelle on s'est tenu de préférence. Il s'est cependant présenté plus d'une occasion favorable pour prendre l'offensive et sortir d'une inaction qui réagissait d'une manière fâcheuse sur le moral des jeunes soldats. Nous dirons, en passant, que nous sommes loin d'approuver les attaques nocturnes ; si elles sont une redoutable épreuve pour les troupes les plus solides, que ne sont-elles pas pour des soldats des plus novices ? En raison du *quasi statu quo* que l'on a gardé, nous n'aurons donc point à nous livrer à de nombreux récits de combats. Seuls quelques engagements ou escarmouches ont fourni au 56ᵉ régiment provisoire l'occasion de faire voir ce qu'il était et ce que l'on devait attendre de lui. Châteauvillain, Louvières, Vesaignes,— et nous en omettons, —sont là pour attester qu'il n'a point failli à sa tâche. Longeau a vu aussi nos mobiles soutenant avec courage un choc terrible et soudain à cette même place, entre Percey-le-Pautel et Longeau, où s'élève (cruelle ironie!) une colonne avec cette inscription : « 14 janvier 1814. En ce lieu les Français ont repoussé l'ennemi .»

Nous ne saurions trop nous associer à la noble pensée, dont le but est d'ériger un monument en mémoire de ceux des nôtres qui, le 16 décembre 1870, ont succombé à Longeau, après avoir honorablement figuré dans cette fatale journée.

Notre régiment n'ayant point alors rempli un rôle très-actif, on ne s'étonnera pas du petit nombre de récompenses qu'il a reçues. Il n'en restera pas moins qu'il y a eu parmi nos mobiles, nous ne voudrions pas dire des injustices, mais des oublis impardonnables. Puissent ceux qui ont des grades, des médailles et des croix ne jamais rencontrer de gens qui les méritent mieux qu'eux !....

Que le mérite ne soit pas récompensé, passe encore ; mais que l'oubli du devoir sacré de défendre la patrie ne soit point flétri, voilà ce que l'on ne comprendra jamais. Aussi approuvons-nous sans réserve le langage d'un membre de l'Assemblée nationale, chargé d'un rapport de pétitions : celles qui nous occupent ont été renvoyées aux ministres de l'intérieur et de la guerre. « Un certain nombre d'individus, disait le rapporteur dans la séance du 17 février dernier, sourds à la voix de la patrie en danger et ne songeant qu'à leur sécurité personnelle, se sont soustraits aux obligations que leur imposait la loi à défaut de tout sentiment plus élevé... Il importe à l'avenir et à la sécurité du pays que chacun sache qu'il ne saurait se soustraire impunément à de si saintes obligations. »

Nous venons de tracer nos impressions *currente calamo* —
dans le sens le plus large de ces mots : notre but est donc
atteint à ce point de vue. L'on nous pardonnera de n'avoir
fait qu'esquisser le rôle de la garde nationale mobile de la
Haute-Marne. On aurait pu partout, il nous semble, em-
ployer cette armée auxiliaire avec plus d'utilité et d'avan-
tages. On témoignait, il est vrai, de je ne sais quoi contre
elle, si l'on en croit (voir les *Papiers des Tuileries*) une dé-
pêche écrite de Metz le 4 août par Celui qui n'a plus aujour-
d'hui que des courtisans faits à son image, et se terminant
par ces mots : « Mais que faire de la garde nationale mobile?»
L'Aube, la Côte-d'Or, l'Ille-et-Vilaine, entre autres départements, ont dignement répondu à une aussi insolente et mé-
prisable interrogation.

Nous n'avons pas à rechercher ici le motif qui a pu déter-
miner l'ennemi à nous investir de loin plutôt qu'à nous
assiéger. Toujours est-il que la ville forte de Langres, dont
les indispensables mais insuffisantes fortifications étaient à
peine commencées au début de la guerre, se trouve occuper,
par suite de la perte de l'Alsace et de la Lorraine, un point
stratégique des plus importants.

Formons des vœux, dirons-nous en terminant, pour que
l'Allemand quitte au plus vite notre patrie, notre département en partie envahi. La France, dont le patriotisme est
incontestable, témoin encore la souscription nationale pour
la libération du territoire, la France aura seulement son
repos le jour où elle aura congédié cet ennemi, qui ne cesse
de conspirer contre sa grandeur évidente.

Vis et fais vivre les tiens, noble et bonne Champagne,
dans la pensée de reconquérir notre vieille gloire ; grave
dans le cœur et dans la mémoire de tes enfants les noms de
l'Alsace et de la Lorraine. Montre-toi dans tes desseins et
dans tes résolutions aussi grande et énergique que tu as été

magnanime et juste en ouvrant les portes de leur véritable
et sympathique patrie « aux fils vaillants » qui sont venus
malgré des entraves et des obstacles nombreux, mettre leur
épée au service de leur France, en dépit du pouvoir dicta-
torial et funeste qui a soufflé sur notre sol pendant la der-
nière guerre, et pour la honte ineffaçable de celui qui, à
Sedan, ne sut point mourir et ne put pas même écrire, le
lendemain de cette journée tristement mémorable, ces mots
de François Ier, prisonnier à Pavie : « Madame, tout est
perdu, fors l'honneur. »

Mars 1872.

Imprimé par Ch. Noblet, rue Soufflot, 18.

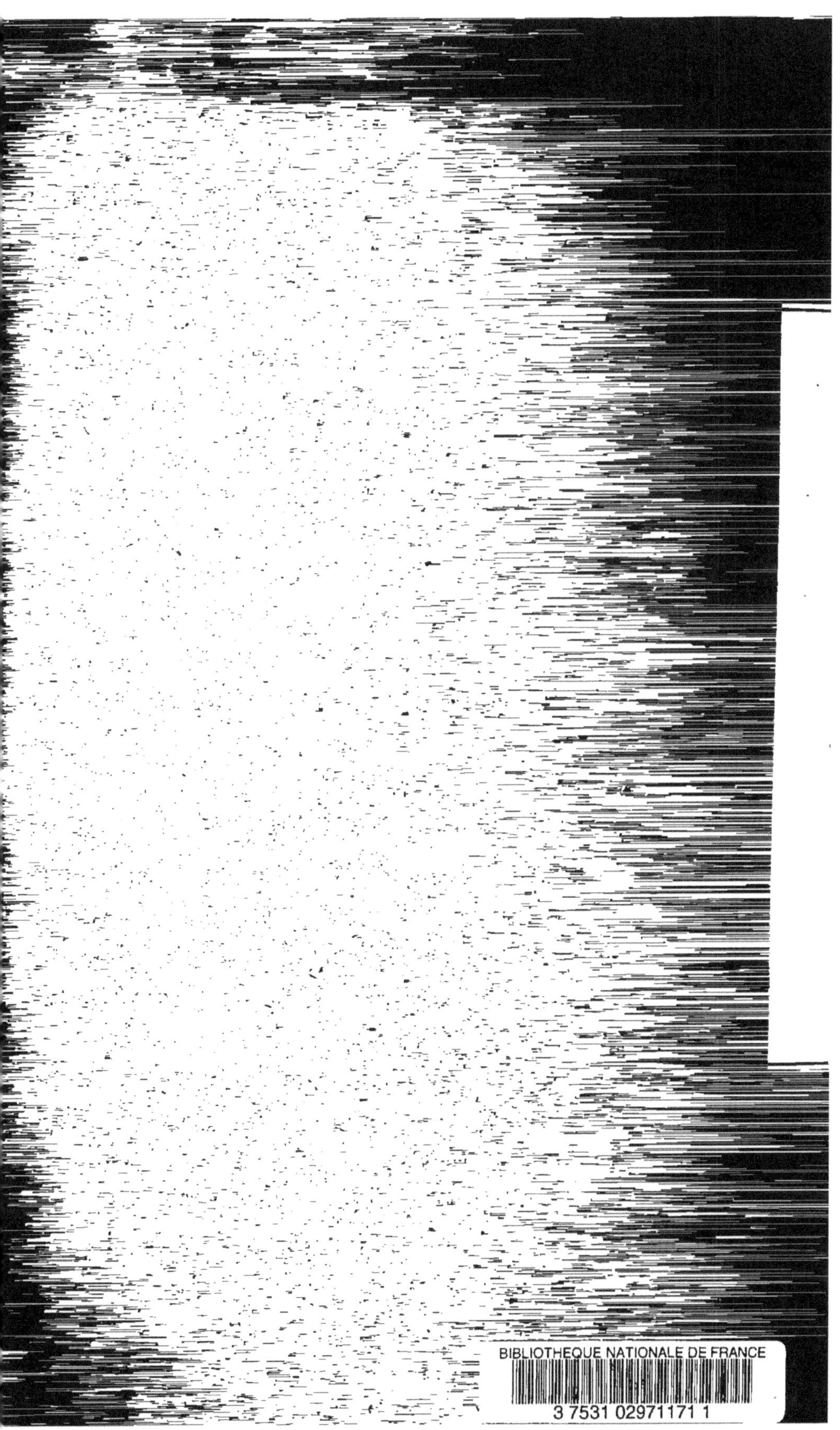
BIBLIOTHEQUE NATIONALE DE FRANCE
3 7531 02971171 1